Pequeños exploradores

Vamos a descubrir
LONDRES

Textos de Daniela Celli
Ilustraciones de Laura Re

QUERIDO PAPÁ, QUERIDA MAMÁ:

Hoy en día existe una cantidad considerable de objetos para facilitar
la vida de los adultos que deciden viajar con niños.
¿Pero quieres saber un secreto? ¡Nada es más eficaz que una buena historia!
El escritor británico Rudyard Kipling entretenía así a sus hijos durante
los largos viajes en barco a África y lo mismo hacía James Matthew Barrie
con los pequeños londinenses de Kensington.
Este libro pretende ser una pequeña ayuda para transformar un viaje
a Londres en una experiencia emocionante para toda la familia.
Una guía llena de historias y curiosidades para jugar y viajar desde el sofá
de casa o para emprender realmente el viaje...
En las páginas de esta guía encontrarás todas las aventuras que he
vivido explorando con mis hijos la fascinante capital británica, a lo
que además agregamos increíbles curiosidades y una pizca de ese
supercalifragilisticoexpialidoso que Londres regala a quienes la miran con
los ojos de la imaginación y que espero que llegue un poco también a ti.

Dedicado a BG,
mi jazz en el camino hacia Oz.

Daniela Celli

GOOD MORNING KID, ¡ME PRESENTO!

Mi nombre es SIR RAVEN y será un verdadero placer acompañarte a pasear por LONDRES. Estoy seguro de que nos divertiremos mucho porque esta ciudad está llena de lugares fascinantes e historias curiosas o misteriosas: ¿Sabías, por ejemplo, que el día de Navidad UN FANTASMA deambula por las habitaciones de Buckingham Palace? ¿Y que en el Museo de Historia Natural hay un enorme T-REX al que no le gusta quedarse quieto?

Así es como podremos verlo todo: he preparado para ti CUATRO ITINERARIOS DIFERENTES, que nos llevarán a descubrir lugares y personajes fantásticos. Cada ruta comienza con un MAPA, donde encontrarás representadas las paradas previstas junto a algunas curiosidades interesantes. Además, entre un barrio y otro he organizado JUEGOS para divertirnos juntos.

THAT'S ALL MY FRIENDS! ¡COMENCEMOS!

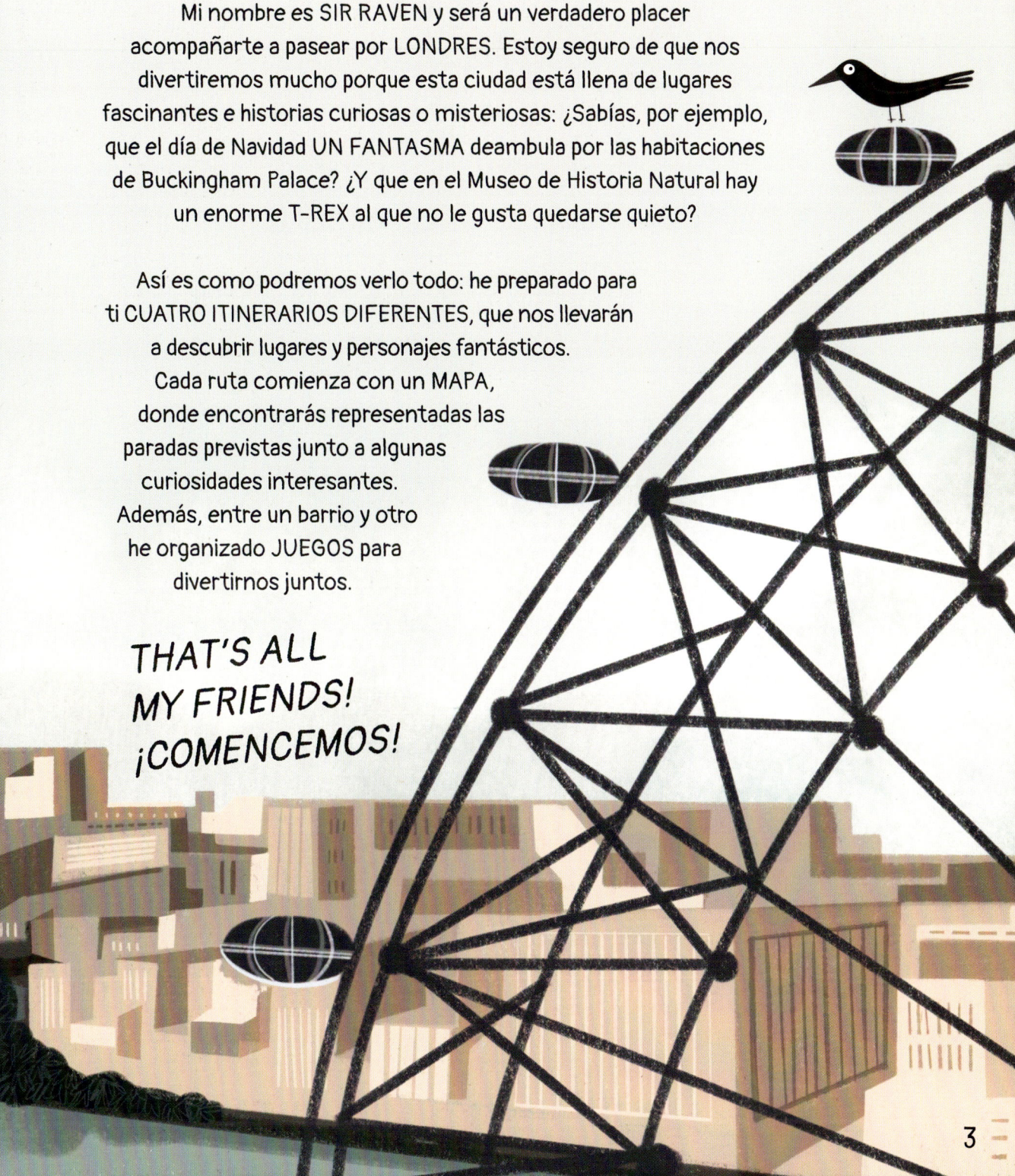

ÍNDICE

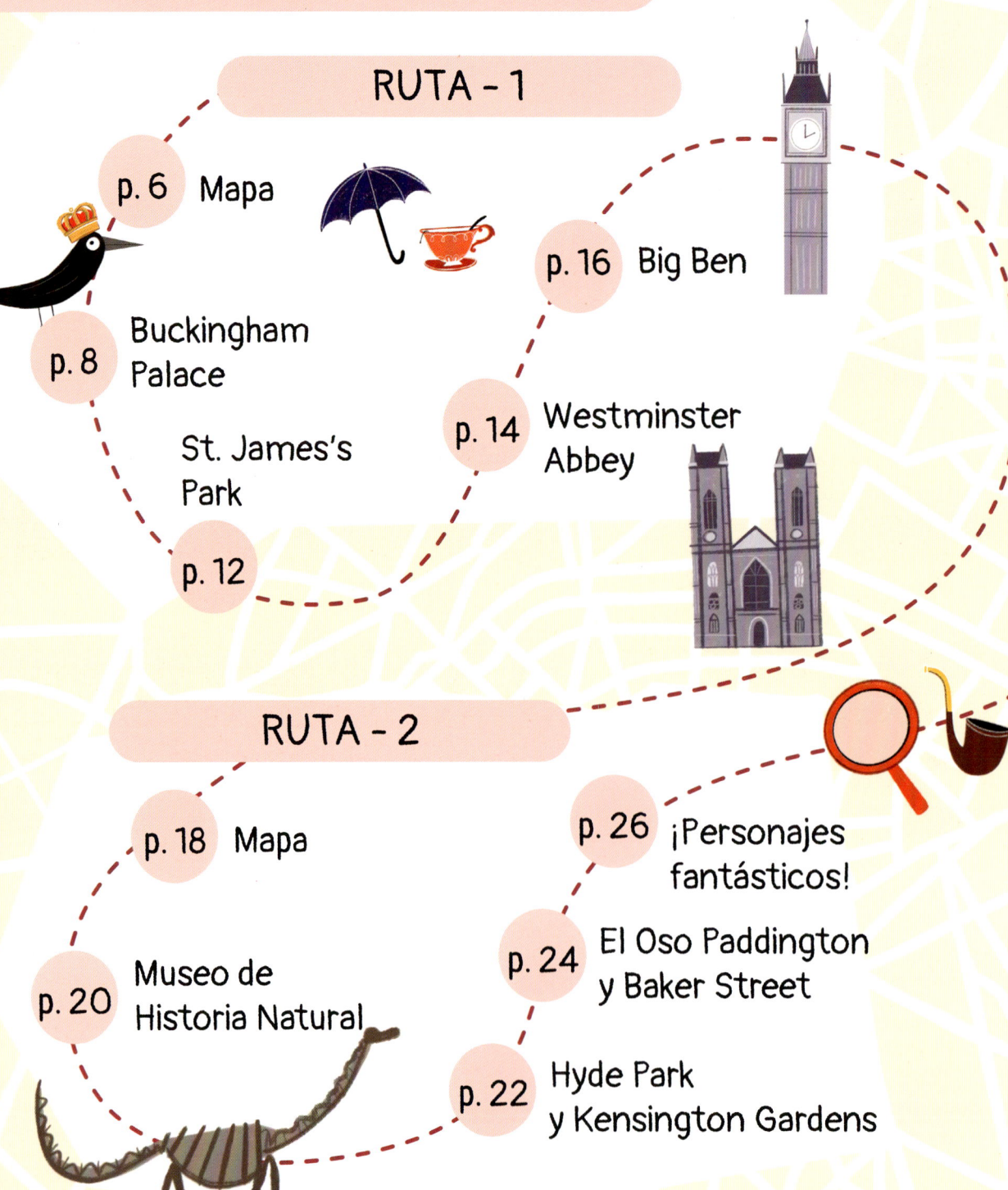

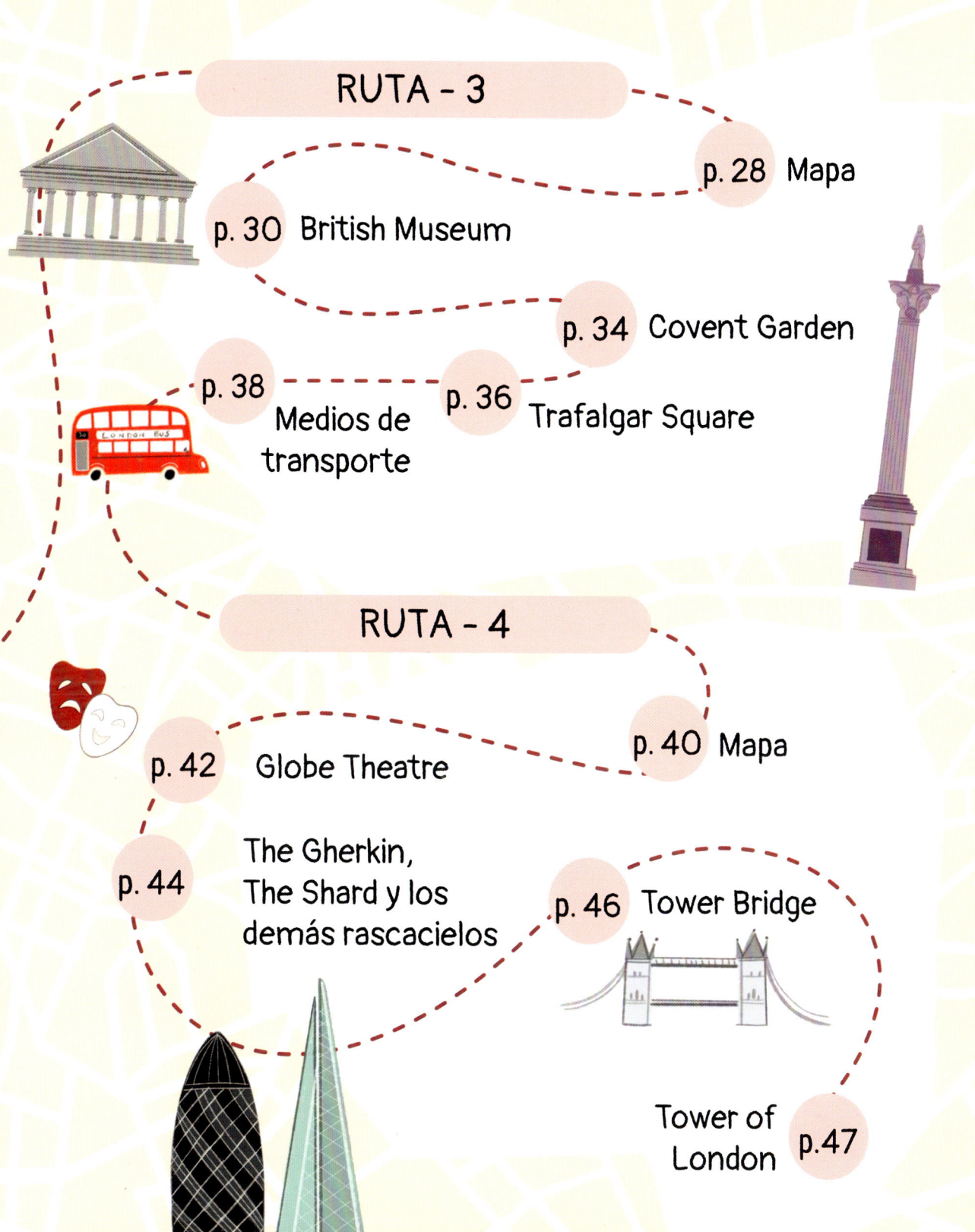

LONDRES

Good Morning,
¡te damos la bienvenida a Londres!

BIG BEN

4

1 **BUCKINGHAM PALACE**

2 **ST. JAMES'S PARK**

3 **WESTMINSTER ABBEY**

Hoy vamos a descubrir historias y curiosidades de uno de los «PUEBLOS» o BOROUGHS más famosos de la capital inglesa, la City of Westminster, ¡una verdadera ciudad dentro de la ciudad! Este gran barrio se desarrolla sobre la orilla norte del Támesis donde, rodeado de magníficos parques, se encuentra el palacio del rey.

¡ES AQUÍ DONDE COMIENZA NUESTRA AVENTURA!

• A cada uno lo suyo

Londres está dividida en *32 distritos*, cada uno de los cuales tiene su propio nombre y escudo de armas, que puede estar decorado con animales o figuras legendarias, como grifos y dragones. ¡El símbolo de *Westminster* es un escudo sostenido por dos leones!

• Un regalo para los espíritus

Londres está dividida en dos por el *Támesis*, el segundo río más largo del Reino Unido.
Antiguamente se creía que estaba habitado por espíritus y duendes y era costumbre de los habitantes hacerles regalos, arrojando objetos de todo tipo... al agua. Algunos de ellos, como el escudo de *Battersea*, han sido rescatados y se pueden ver en el *British Museum*.

TÁMESIS

UNDERGROUND

BUCKINGHAM PALACE

¡Con gran emoción te presento la primera parada
de nuestro viaje! *Welcome to The Palace* !

Buckingham Palace es la residencia
del rey de Inglaterra, Carlos III.

¡El palacio está rodeado por un parque del tamaño de veinte campos de fútbol!, y entre sus maravillas se encuentran un magnífico jardín de rosas, un gran lago e incluso un islote donde viven las abejas de la corte, que producen la miel utilizada por los chefs de la corte para engalanar los pasteles y dulces de la familia real.

• El cambio de guardia

Frente a las puertas de *Buckingham Palace* se puede asistir a la ceremonia con la que los soldados se dan el relevo. Los guardias visten chalecos rojos y característicos sombreros de piel de oso. ¿Sabes por qué son tan grandes? ¡Para que en la batalla los soldados parecieran más altos!

¿QUIERES CONOCER LOS SECRETOS DE *BUCKINGHAM PALACE*?

• Un huésped misterioso

El terreno donde hoy se encuentra *Buckingham Palace* en una época fue ocupado por un monasterio. Tal vez por eso el día de Navidad el fantasma de un monje recorre las estancias del palacio arrastrando unas ruidosas cadenas.

CADA AÑO HAY QUIEN JURA HABERLO VISTO. ¿TÚ CREES QUE REALMENTE EXISTE?

• Luces móviles

Hasta hace un tiempo, limpiar las enormes lámparas de araña del palacio era una auténtica hazaña. Todo un ejército de obreros tenía que desempolvar miles de gotas de cristal, trepando por largas escaleras tambaleantes.

HOY TODO ES MÁS FÁCIL: SOLO HAY QUE PULSAR UN BOTÓN EN UN MANDO A DISTANCIA Y LA ARAÑA... ¡BAJA A LA ALTURA DEL SER HUMANO!

• Tiempo real

¡En la residencia del rey hay más de seiscientos relojes! Dos veces al año, un equipo de relojeros se encarga de mover las manecillas hacia adelante y hacia atrás de una hora, ¿y sabes cuánto tiempo tardan?
¡DOS DÍAS COMPLETOS!

• Sin timbre

¿Quieres saber si el Rey está en casa? ¡Es suficiente comprobar qué bandera ondea en *Buckingham Palace*!
Si está el estandarte real, el *King Charles* se encuentra en el palacio, mientras que cuando está fuera, en el mástil flamea la *Union Jack*.
FÁCIL, ¿NO?

¿CUÁL DE ESTAS CURIOSIDADES TE HA GUSTADO MÁS?

ST. JAMES'S PARK

¡Te damos la bienvenida a *St. James's Park*, el parque real más antiguo de Londres!

¡En el pasado esta zona era un verdadero pantano! Posteriormente, en 1532, fue adquirida por ENRIQUE VIII, quien la hizo sanear para hacerla digna de un rey. Siglo tras siglo, los monarcas modificaron y embellecieron el parque a su gusto. El REY JAMES I, que tenía debilidad por los animales exóticos, lo llenó de cocodrilos, camellos... ¡e incluso un elefante!

¡Hoy el parque es un magnífico espacio verde salpicado de macizos de flores y habitado por cientos de ardillas!

También, cuenta con un lago atravesado por un puente, desde donde se disfruta de unas vistas espectaculares, dos islotes -*West Island y Duck Island*-, y una pequeña reserva con diecisiete especies de aves, entre ellas patos, cisnes y una simpática colonia de pelícanos.

Busca y encuentra...

¡Los animales del Rey James han vuelto al parque! ¿Te acuerdas de cuáles son? ¡INTENTA ENCONTRARLOS!

WESTMINSTER ABBEY

Come on, my friend, ¡la abadía nos espera!

Westminster es una de las iglesias más famosas del mundo y el lugar de culto inglés más importante. Es aquí donde se corona a los reyes, se celebran las bodas reales y donde se encuentran sepultados los personajes históricos famosos.

• Un robo legendario

Debajo del asiento de la *Coronation Chair*, el trono de madera en el que desde hace más de setecientos años se corona a los soberanos ingleses, se encontraba una piedra legendaria, la *Stone of Scone*. En 1950, cuatro estudiantes escoceses lograron robarla, pero durante la fuga, la piedra se deslizó de las manos de uno de ellos, ¡rompiéndose por la mitad y fracturándole dos dedos de un pie!

HOY EN DÍA LA PIEDRA HA SIDO RESTAURADA Y SE ENCUENTRA SEGURA EN EL CASTILLO DE EDIMBURGO.

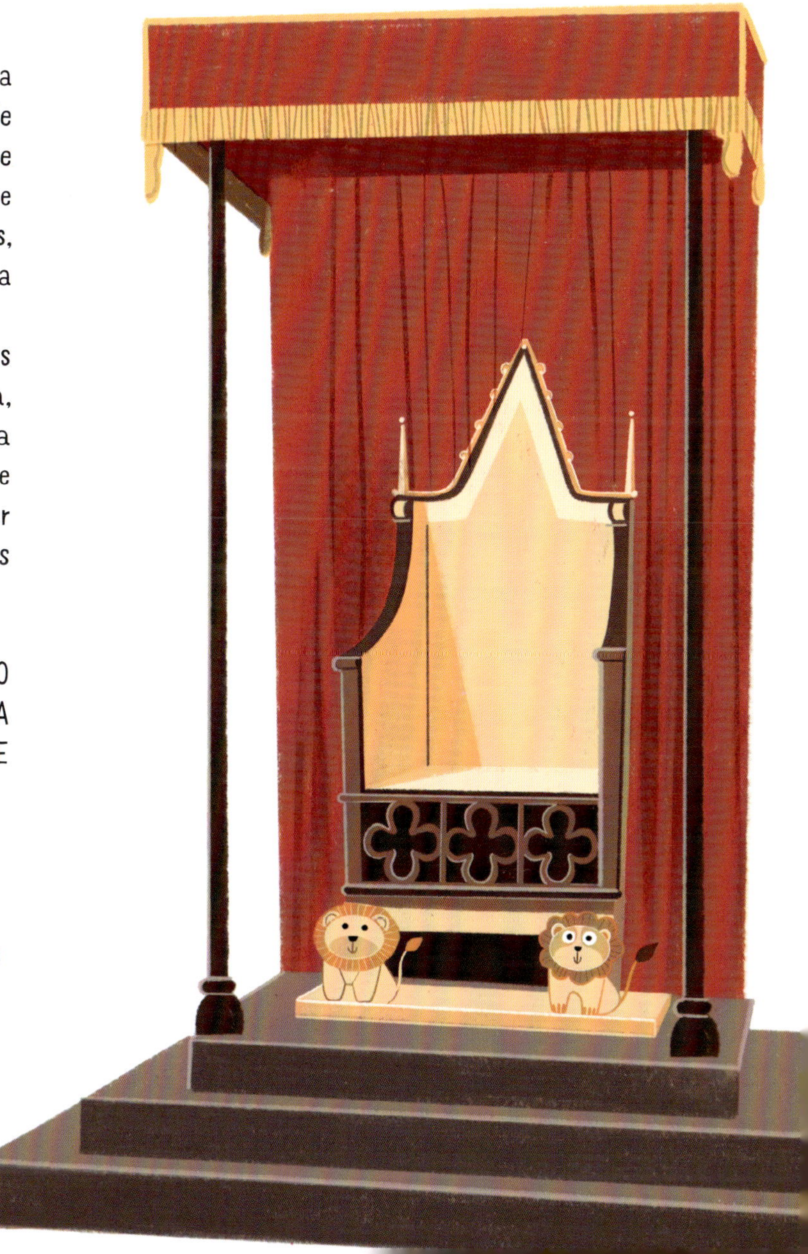

¡Encuentra las diferencias!

Las patas del trono del Rey Eduardo están decoradas con cuatro leones de oro. ¿Lograrás encontrar las 6 diferencias entre los dos retratos en la imagen?

BIG BEN

¡Aquí está el *Big Ben*!

Al contrario de lo que todos piensan, «*Big Ben*» no es el nombre de la torre con el reloj del Palacio de *Westminster*, sino solo de una de sus cinco campanas, la más grande de todas.

Debido al peso exorbitante, equivalente al de un T-Rex y un Triceratops juntos, para transportarla de la fundición a *Westminster* fue necesario un carro tirado por dieciséis caballos.

• Un sonido característico

Las campanas sonaron por primera vez el 31 de mayo de 1859, pero después de solo dos meses la *Great Bell*, (así se le llama también al Big Ben) se rompió. Para repararla se utilizó un parche de metal y por eso hoy la campana tiene un sonido muy... ¡característico!

• Un retraso justificado

Aunque un maestro relojero controla que el reloj de la torre marque la hora exacta, a lo largo de los años algunos acontecimientos imprevisibles han causado algún retraso.

EN 1944, POR EJEMPLO, UNA BANDADA DE PÁJAROS MOVIÓ UNOS MILÍMETROS LA AGUJA DE LOS MINUTOS. ¡TE LO JURO, YO NO TENGO NADA QUE VER!

• Volando sobre Londres

¿Te apuntas a ver la ciudad desde arriba? Es suficiente montarte al *London Eye*, ¡una de las norias panorámicas más altas del mundo! ¿SUFRES DE VÉRTIGO?

¿Te atreves con una nueva aventura?

ESTATUA DE PADDINGTON

3

4

MUSEO SHERLOCK HOLMES

2

HYDE PARK Y KENSINGTON GARDENS

1

MUSEO DE HISTORIA NATURAL

La ruta de hoy comienza en el precioso barrio de *Kensington*, donde exploraremos uno de los museos de ciencias naturales más famosos del mundo. Después de la visita tomaremos un té en el parque y para terminar descubriremos los lugares dedicados a algunos personajes... ¡fantásticos!

¿Tienes curiosidad por saber quién es?

Entonces, *let's go*!

TÁMESIS

• El «Sendero Podrido»

Al lado de *Hyde Park* corre una tranquila callecita de arena llamada *Rotten Row*, el «Sendero Podrido». ¿Por qué un nombre tan inusual? Hubo un tiempo en que esta calle era el refugio de peligrosos malhechores que esperaban la noche para atacar a los transeúntes.

En 1690 el Rey Guillermo III ordenó que se instalaran trescientas farolas de aceite, que la convirtieron en la primera calle iluminada de Inglaterra.

• Cumpleaños explosivos

En Londres es tradición celebrar ocasiones especiales, como los cumpleaños reales, disparando salvas de cañón.

Las explosiones suelen ser veintiuna, ¡pero en *Hyde Park* se disparan veinte tiros más!

MUSEO DE HISTORIA NATURAL

¡Vamos a explorar el Museo!

El Museo de Historia Natural de Londres alberga una de las colecciones de historia natural más grandes del mundo. Divididos en cuatro pisos, hay más de setenta millones de restos fósiles: ¡desde arañas venenosas hasta espantosos reptiles marinos! Una amplia sección está dedicada a los dinosaurios: ¡aquí, en medio de fascinantes esqueletos prehistóricos, reina un GIGANTESCO T-REX!

• ¡Lo necesario para una verdadera aventura!

Para hacer aún más divertida la visita al museo, puedes recoger la mochila de explorador en el *desk* de información: ¡además de una guía muy útil, encontrarás un sombrero de safari y unos prismáticos!

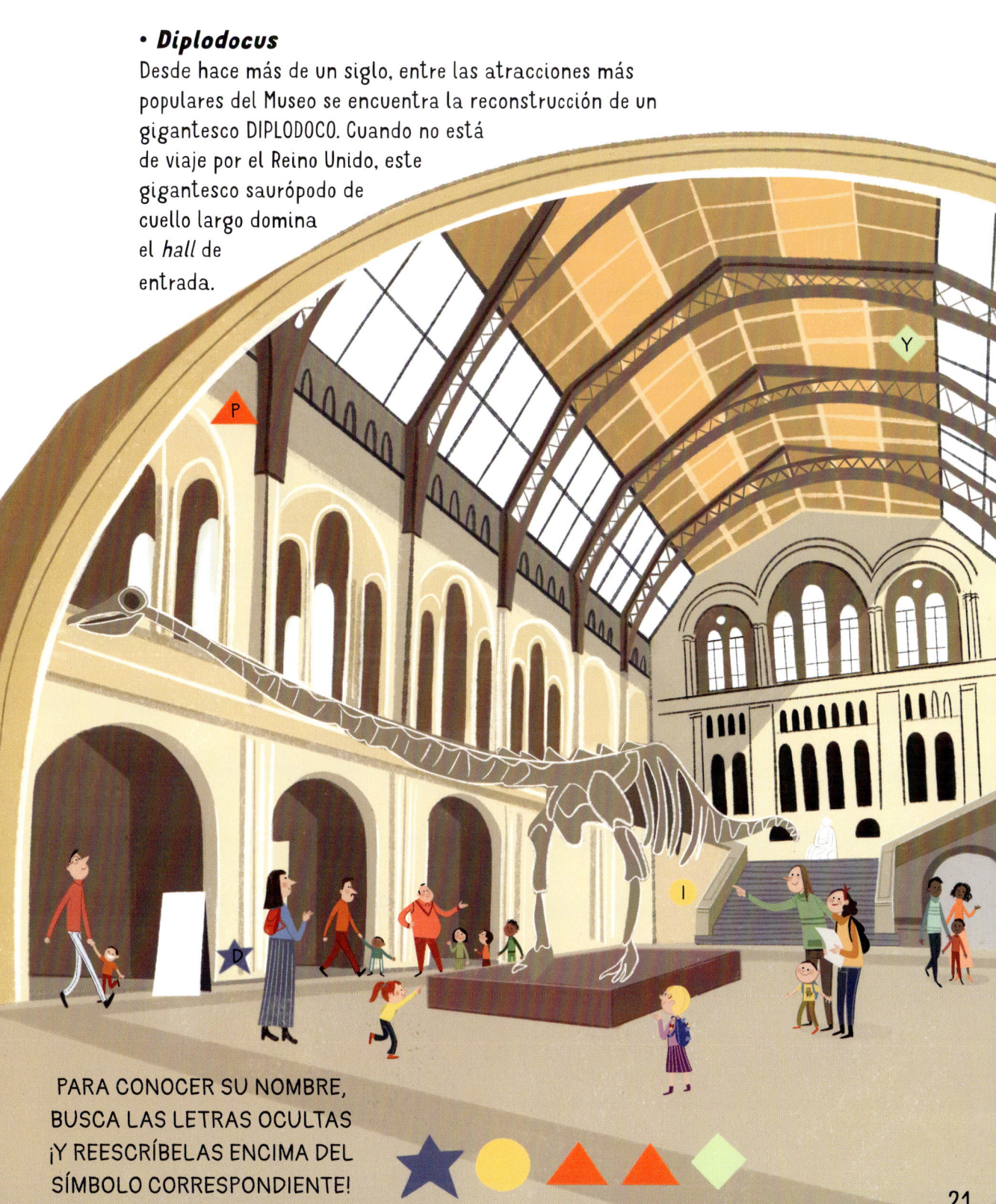

• Diplodocus

Desde hace más de un siglo, entre las atracciones más populares del Museo se encuentra la reconstrucción de un gigantesco DIPLODOCO. Cuando no está de viaje por el Reino Unido, este gigantesco saurópodo de cuello largo domina el *hall* de entrada.

PARA CONOCER SU NOMBRE, BUSCA LAS LETRAS OCULTAS ¡Y REESCRÍBELAS ENCIMA DEL SÍMBOLO CORRESPONDIENTE!

HYDE PARK Y KENSINGTON GARDENS

Aunque oficialmente tienen diferentes nombres, los dos *royal parks* se ven como un único parque del tamaño de nada menos que... ¡350 campos de fútbol!

Hyde park es el parque real más grande de Londres. Está dividido en dos por un lago en forma de serpiente sobre el cual, en 1814, se escenificó una increíble batalla naval, ¡con galeones y fuegos artificiales! ¡Imagínate qué espectáculo! Hoy en día, el *Serpentine Lake* es un lugar idílico donde se puede alquilar un bote de remos e incluso bañarse.

• *Peter Pan Cup*

El día de Navidad se celebra una loca competición de natación en *Hyde Park*. En un ambiente festivo, los participantes, en su mayoría valientes mayores de sesenta años, se desafían a nadar *100 yardas* (91 metros) en las aguas heladas del lago.

¡UN VERDADERO HOMENAJE AL NIÑO QUE NO QUERÍA CRECER!

Los *Kensington Gardens* en el pasado eran los jardines privados del *Kensington Palace*, hogar de la realeza durante más de trescientos años. Hoy en día cautivan a los visitantes con sus valles arboladas, sus macizos de flores y sus numerosas estatuas, entre ellas, la más querida por todos los niños: ¡la de Peter Pan!

• ¿Te apetece un *afternoon tea*?

En la *Orangerie* del Palacio de *Kensington* se puede disfrutar un fabuloso té de las cinco de la tarde, ¡una verdadera tradición aquí en Inglaterra! Junto con una tetera hirviendo, se servirán tartas y dulces para acompañar con nata y mermelada, e incluso sándwiches.

Busca y encuentra...

En los jardines de Kensington viven varios ejemplares de simpáticos loros verdes. ¿LOGRARÁS ENCONTRAR A LOS 8?

ESTATUA DE PADDINGTON

¡Te damos la bienvenida a la estación de *Paddington*!

No, my friends, no estamos aquí para coger el tren, sino para ver una de las esculturas más adorables de Londres: ¡la estatua de *Paddington*!
Para encontrarla tenemos que ir al andén 1, exactamente donde la *familia Browne* encuentra el osito, en la película inspirada en el libro.

• **¿Quién es *Paddington*?**
Paddington es el famoso personaje inventado por MICHAEL BOND en 1958. El escritor tuvo la idea tras ver un osito de peluche en una tienda cercana a la estación.

• **Conozcamos mejor al Oso Paddington:**
1 Viene del misterioso Perú.
2 Le encanta la mermelada de naranja.
3 Debajo del sombrero lleva siempre un sándwich para emergencias.
4 ¡A menudo se mete en problemas!
5 Lo acoge la familia *Browne* en su casa en el n.º 32 de *Windsor Garden*.

MUSEO SHERLOCK HOLMES

¿Tienes curiosidad por saber qué hacemos en *Baker Street?*

Es en esta calle, en el número 221B, donde ARTHUR CONAN DOYLE, célebre escritor inglés, imaginó que vivía su personaje más célebre: ¡Sherlock Holmes!

Hoy en día, cerca de esta dirección, se encuentra un interesante museo dedicado al genial detective y, más adelante, cerca de la salida del metro, se erige su estatua, en la que está retratado con la inconfundible gabardina, el típico sombrero y la pipa.

• **Conozcamos mejor a Sherlock Holmes:**
1 Tiene notables habilidades deductivas.
2 Le encantan los casos imposibles.
3 Es un mago del disfraz.
4 Toca el violín y fuma la pipa.
5 Tiene un fiel asistente, el Dr. Watson.

PERSONAJES REALMENTE... ¡FANTÁSTICOS!

«Supercalifragilisticoexpialidoso, aunque suene extravagante, ¡raro y espantoso!...»
¡Ah, adoro cantar las canciones de Mary Poppins, volando sobre los tejados de Londres!

• Una niñera muy especial

¿Quién puede resistirse a una niñera que de un salto te lleva dentro de un cuadro y tiene un bolso del que sale de todo, incluso una lampara de araña?

La película de *Mary Poppins*, inspirada en el libro de la escritora PAMELA LYNDON TRAVERS, se estrenó en 1964 y desde entonces sigue siendo amada por grandes y pequeños.

La historia tiene lugar en Londres y, de hecho, al pasear por el Big Ben, Westminster y Kensington, se pueden reconocer muchos de los lugares de la película.

• El niño que no quería crecer

Todo el mundo conoce a Peter Pan, el niño que sabe volar y que vive junto a los niños perdidos en el país de Nunca Jamás. Pero, ¿sabías que quien escribió sus aventuras fue JAMES MATTHEW BARRIE?

Un día, mientras estaba en *Kensington Garden*, conoció a una familia con cinco hijos que le inspiraron a crear... ¡las aventuras del niño que no quiere crecer!

• El mago más famoso del mundo

Harry Potter, el famoso protagonista de la serie de libros escritos por J.K. ROWLING, es un huérfano criado por sus malvados tíos. Pero la noche de su undécimo cumpleaños, recibe una invitación para asistir al Colegio *Hogwarts* de Magia y Hechicería.

¿SABES DE DÓNDE SALE EL TREN PARA LLEGAR A LA ESCUELA? ¡DE LA ESTACIÓN DE *KING'S CROSS*, EN LONDRES! SI VAS ALLÍ, DIRÍGETE AL ANDÉN 9 ¾: ¡ENCONTRARÁS A HEDWIG ESPERÁNDOTE!

¡Otro día en Londres!

1 BRITISH MUSEUM

2 COVENT GARDEN

TRAFALGAR SQUARE 3

RUTA - 3

Hoy comenzaremos nuestra visita desde el corazón del barrio de *Bloomsbury*, ¡donde se encuentra el extraordinario *British Museum*! Cada sección está dedicada a un lugar y a un periodo histórico diferente, por lo que visitarlo será como hacer un viaje en el tiempo. Después, veamos... ¿qué más hay en el mapa? ¡Intenta indicarme tú las siguientes paradas!

TÁMESIS

• Lámparas apestosas

Antes de la invención de la electricidad, Londres estaba iluminada por farolas de gas, algunas de las cuales, como la que todavía está presente en el callejón de *Carting Lane*, utilizaban gas procedente de las alcantarillas.

Debido a esto, en la zona no había un aroma agradable, hasta el punto que la calle fue apodada «*Farting Lane*», que significa...

¡EL CALLEJÓN DE LOS PEDOS!

• Museos para todos los gustos

¿Te apasiona la magia? *No problem*, ¡aquí se encuentra el *Magic Circle*! ¿Te fascinan los abanicos antiguos? ¡En el *Fan Museum* encontrarás nada menos que cuatro mil! ¿Te encantan los cómics? En el *Cartoon Museum* tendrás muchas opciones para elegir.

En Londres hay más de ciento setenta museos, ¡para colmar todas las expectativas!

BRITISH MUSEUM

A day at the Museum!

El *British Museum* es uno de los museos más grandes y antiguos del mundo. Dentro de un edificio que recuerda a un gigantesco templo griego, hay más de 8 millones de objetos que cuentan la historia del hombre desde los tiempos más remotos, como la momia de *Gebelein*, llamada cariñosamente «*Ginger*» (jengibre) por su pelo rojo.

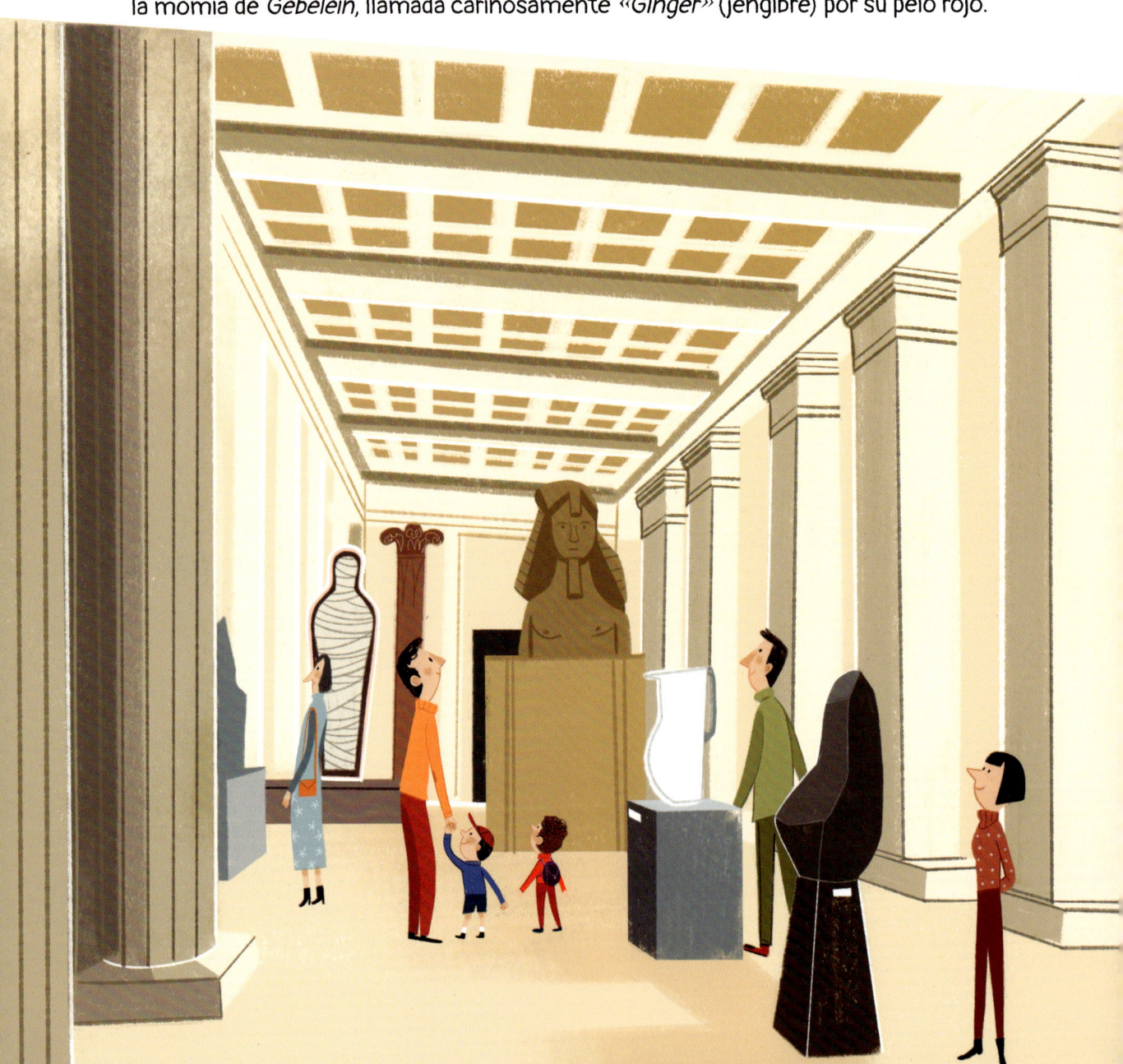

• Un gran coleccionista

Desde niño, Sir Hans Sloane, médico y naturalista británico, tenía una pasión por los objetos curiosos. Su colección llegó a incluir más de 70 000 monedas, libros, plantas disecadas e incluso manuscritos sobre animales extraños.

Tras su muerte, ocurrida en 1753, dejó a la nación toda la colección que sirvió para fundar el *British Museum*.

Y TÚ... ¿TIENES ALGUNA COLECCIÓN?

• British Library

No muy lejos del museo, se encuentra la Biblioteca Nacional.

Además de los antiguos volúmenes conservados en una sorprendente torre de cristal de seis pisos, ¡la *British Library* conserva copias de todos los libros publicados en el Reino Unido!

Para transportarlos a la sala de lectura, se utiliza un sistema de cintas transportadoras, ¡similar al de los aeropuertos!

¡DESCUBRAMOS LAS HISTORIAS MÁS CURIOSAS DEL MUSEO!

• El escarabajo pelotero
(Sala 63)

En la zona dedicada al antiguo Egipto, en medio de momias y faraones, se encuentra la escultura de un escarabajo gigante.

Este particular coleóptero fabrica pelotas de estiércol que hace rodar por el suelo y en cuyo interior también esconde los huevos.

Al ver salir a los nuevos escarabajos de este extraño nido, los egipcios empezaron a creer que los escarabajos podían renacer después de la muerte y, por tanto, los consideraban animales sagrados.

• The Fishpool Hoard
(Sala 40)

En 1966, el azar quiso que algunos trabajadores encontraran un fabuloso tesoro enterrado en el bosque de *Sherwood*. Parece que las 1237 monedas de oro y las joyas se escondieron allí durante una fuga hace más de cinco siglos.

¿TENDRÁ ALGO QUE VER CON UN TAL ROBIN HOOD?

• Hoa Hakananai'a, el moái de la Isla de Pascua

(Sala 24)

Tiene más de dos metros de altura, los labios apretados y la barbilla hacia arriba. ¿Qué es? *Hoa Hakananai'a*, es uno de los 1000 *moáis* de la Isla de Pascua.

EL SIGNIFICADO DE ESTAS EXTRAÑAS ESCULTURAS SIGUE SIENDO UN MISTERIO, PERO SEGÚN LA MITOLOGÍA *RAPA NUI* PARECE QUE TENÍAN EL PODER DE MOVERSE.

¡TEN CUIDADO, POR SI ACASO!

• La Colección de armaduras

(Sala 93)

Los samuráis eran antiguos guerreros japoneses. Para luchar, llevaban pesadas armaduras formadas por cientos de pequeñas placas de hierro. Cada parte del cuerpo tenía que estar cubierta: desde los pies hasta la cabeza, sobre la que destacaba un gran yelmo de forma extraña.

¿NO OS RECUERDA AL CASCO DE CIERTO PERSONAJE DE *STAR WARS*?

COVENT GARDEN

Dear friends, tengo hambre... ¿qué te parece un tentempié?

Hace mucho tiempo, en la plaza de *Covent Garden* se celebraba el mercado más importante de Inglaterra. Los coloridos puestos vendían frutas, verduras y alimentos exóticos; a su alrededor había teatros y cafés. Hoy en día, esta zona sigue siendo un barrio animado donde se exhiben artistas callejeros, se celebran exposiciones de arte y representaciones teatrales.

El antiguo mercado se encuentra dentro de un espléndido edificio cubierto por una estructura de vidrio que, en Navidad, se ilumina con miles de luces. Ya no solo hay puestos, sino también tiendas de artesanía, *boutiques*, tiendas y restaurantes.

MMMH, SIENTO UN AROMA A FISH AND CHIPS...

• Pescado frito y patatas

El *Fish and chips* es uno de los platos más característicos de la cocina inglesa. Consiste en un gran filete de merluza frito rebozado, salpicado de sal y vinagre y rodeado de deliciosas patatas fritas.

¡En Inglaterra hay más de diez mil *fish and chips shops*!

TRAFALGAR SQUARE

¡Hemos llegado a la plaza más famosa de Londres!

Lo primero que se nota al llegar a *Trafalgar Square* es la columna dedicada al almirante Horatio Nelson. De hecho, ¡el monumento es tan alto como diez jirafas colocadas una encima de la otra!

La base de la columna está bien custodiada por las estatuas de cuatro gigantescos leones. Para realizarlos lo más fielmente posible, el escultor pidió al zoológico de Londres que le avisara en cuanto muriera un león y cuando sucedió, hizo llevar el cuerpo del animal a su estudio.

Después de unos días, el olor se había vuelto insoportable y el artista tuvo que terminar el trabajo... sin "modelo".

• El héroe de un solo brazo

En la parte superior de la columna se encuentra la estatua que conmemora al almirante *Horatio Nelson*, caído en la famosa batalla de *Trafalgar*.

Fíjate bien: ¿ves algo especial?

SÍ, EL ALMIRANTE FUE FIELMENTE ESCULPIDO SIN UN BRAZO, PERDIDO DURANTE UNA BATALLA EN LAS ISLAS CANARIAS.

Busca y encuentra...
Según un dicho inglés, cualquiera que se detenga en Trafalgar Square durante unos minutos, sin duda se encuentra con alguien que conoce. Yo ya he visto a 4 de mis amigos cuervos, John, Harry, Willy y Bert. ¿Lograrás encontrarlos?

¡TODOS A BORDO!

• Double-decker bus

En otros tiempos, para desplazarse por la ciudad, los londinenses utilizaban el omnibus, un carruaje tirado por tres caballos que transportaba hasta dieciocho pasajeros. Para bajar, era suficiente con golpear sobre el techo del vehículo... ¡o dar unas palmaditas al conductor!

Con la invención del motor, en 1956 llegaron los *Routemaster*, los amados autobuses rojos de dos pisos, que pronto se convirtieron en uno de los símbolos más famosos de Londres.

HASTA HACE UNOS AÑOS, LOS AUTOBUSES ESTABAN EQUIPADOS CON UNA PLATAFORMA TRASERA QUE PERMITÍA A LOS PASAJEROS SUBIR Y BAJAR... ¡SOBRE LA MARCHA!

UNDERGROUND

• The Tube

¡El metro de Londres tiene casi doscientos años y es el más antiguo del mundo! Cada una de las once líneas está indicada por un color diferente: del marrón al turquesa.

«*MIND THE GAP*» es la primera frase que oirás a bordo y significa que debes prestar atención al espacio entre el tren y el andén.

• El Museo del Transporte

La forma más divertida de descubrir el mundo del transporte público es visitar el *London Transport Museum*. En su interior hay más de ochenta vehículos, en los que no solo es posible subirse, sino también improvisarse conductores, vistiendo trajes de la época.

Además, gracias a un simulador interactivo, ¡puedes experimentar la emoción de conducir un verdadero metro!

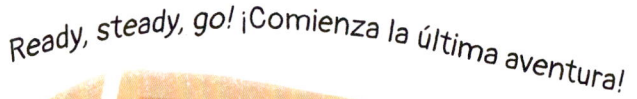

Ready, steady, go! ¡Comienza la última aventura!

UNDERGROUND
UNDERGROUND
1
GLOBE THEATRE
UNDERGROUND
TÁMESIS
2
TOWER BRIDGE

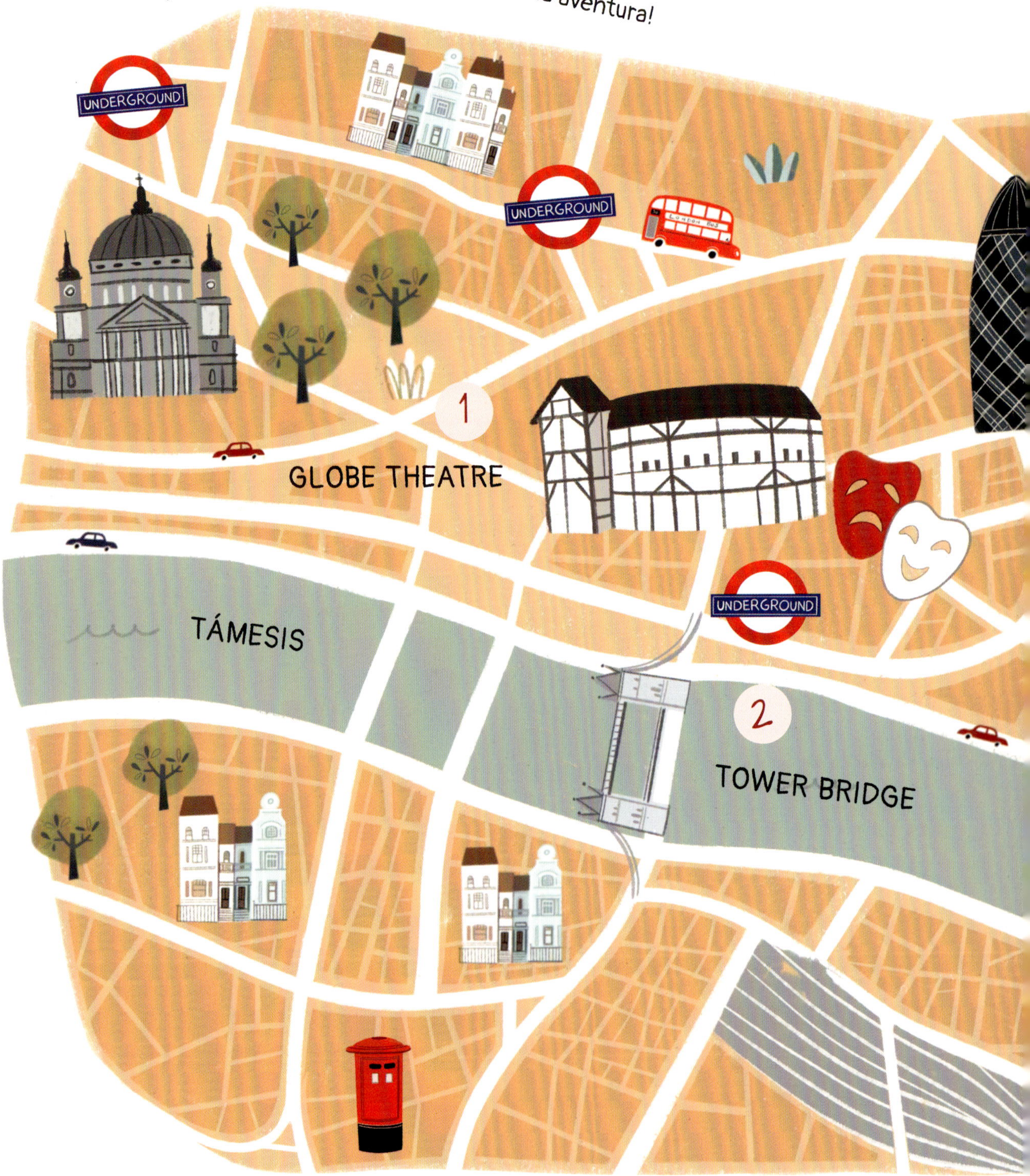

Hoy visitaremos los lugares alrededor de la *city* de Londres, el histórico distrito financiero que alterna rascacielos con encantadoras calles medievales: ¡espiaremos bajo extrañas rejas, descubriremos los secretos de un antiguo teatro y luego nos trasladaremos a lo largo de la orilla norte del Támesis, donde se encuentra mi casa!

So, come on and follow me!

• Lúgubre pero genial

La amada cabina telefónica roja, uno de los símbolos de Londres, se inspiró nada menos que... ¡en una tumba!

Sir Giles Gilbert Scott, el ganador del concurso convocado para el proyecto copió la estructura de un mausoleo visto en un cementerio.

• Un color más vistoso

No todo el mundo sabe que los *red pillarboxes*, los célebres buzones ingleses, no siempre han sido rojos.

¡En 1859 su color oficial era el verde! Después de recibir numerosas quejas sobre la dificultad de encontrarlos, *Royal Mail* decidió utilizar un color más vistoso.

¡TARDÓ 10 AÑOS EN VOLVER A PINTARLOS TODOS!

3

TOWER OF LONDON

GLOBE THEATRE

Ser o no ser... ¿te apasiona el teatro? ¡A mí sí!

A orillas del Támesis se encuentra la reconstrucción de uno de los teatros más famosos del mundo. Fue aquí donde actuó la compañía de William Shakespeare, el famoso dramaturgo y poeta, autor de obras como *Hamlet*, *Romeo y Julieta* o *La Tempestad*.

El teatro original fue destruido por un incendio en 1613.
El espectáculo programado preveía la explosión de balas de cañón, pero una de ellas golpeó el techo de paja, que en un momento se incendió, quemando así toda la estructura de madera.

• Julieta... (pero con barba)

En la época de Shakespeare, a las mujeres no se les permitía actuar. Por lo tanto, los personajes femeninos eran interpretados por actores masculinos que, vestidos y maquillados a la perfección, hacían todo lo posible para parecer verdaderas damas... ¡incluso con barba!

• ¿Qué hace una roca extraña en el n.° 111 de Cannon Street?

Según algunos, esta gran piedra sería parte de la roca en la que se insertaba Excalibur, ¡la legendaria espada del rey Arturo!

«¡Hasta que la piedra del destino esté segura, Londres prosperará!».

Así lo cuenta la leyenda y, en caso de duda, ¡mejor mantenerla segura en una vitrina de cristal!

LOS RASCACIELOS DE LONDRES

¡Y ahora exploramos Londres desde arriba!

En los últimos años, el *skyline* de la ciudad ha cambiado de aspecto. Junto a las clásicas siluetas del *Big Ben* o del *Tower Bridge*, han surgido las de enormes ralladores, inmensos pepinos y *walkie-talkies* gigantes. *Oh no, my friend*, ¡no me volví loco! ¡Estos son simplemente los apodos que los habitantes han dado a los rascacielos de Londres!

20 Fenchurch Street

Apodo: *Walkie Talkie*
Año de nacimiento: 2014
Altura: 160 metros.
Número de plantas: 37
Características distintivas:
Uno, *Sky Garden* en la planta 43.

122 Leadenall Street

Apodo: *CheeseGrater*, el Rallador.
Año de nacimiento: 2014
Altura: 225 metros.
Número de plantas: 48
Características distintivas:
Está compuesto por 70 000 metros cuadrados de vidrio.

• ¡No mires hacia abajo!

Lavar los cristales de los rascacielos no es en absoluto un trabajo para quien sufre de vértigo. Los valientes limpiadores deben descender por las escarpadas paredes de cristal, a través de una cuerda doble enganchada en la parte superior del edificio. Para limpiar una fachada como la de *The Shard*, del tamaño de ocho campos de fútbol, un equipo de diecisiete hombres tarda unos tres meses.

The Shard

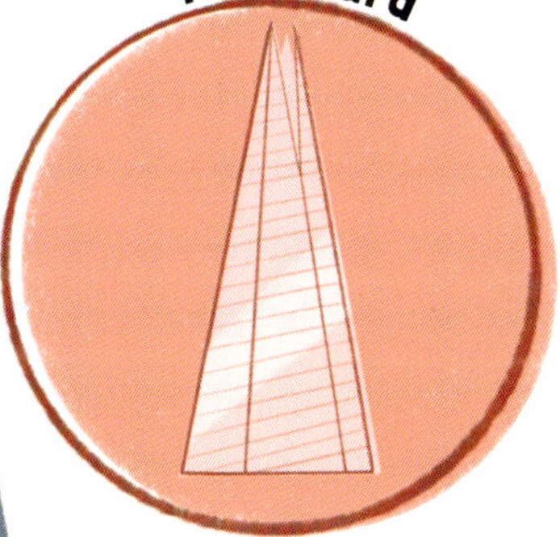

Apodo:
The Shard, La Astilla de vidrio
Año de nacimiento: 2012
Altura: 309 metros.
Número de plantas: 87
Características distintivas: desde la cima se puede disfrutar de la vista más alta de Londres

¡Imagina tu rascacielos!

¿Qué apodo le pondrías?
¿Cuántas plantas tendría?
¿Qué te gustaría que haya dentro?
(por ejemplo, una pista de baloncesto, una tienda de juguetes, una pista de patinaje sobre hielo, la fábrica de chocolate de Willy Wonka, etc.)

30 St. Mary Axe

Apodo:
The Gherkin, el pepino
Año de nacimiento: 2004
Altura: 180 metros.
Número de plantas: 41
Características distintivas: 7429 paneles de vidrio.

TOWER BRIDGE
Y TOWER OF LONDON

Look! ¡Mira! ¡El puente se está levantando!

El *Tower Bridge* es uno de los símbolos de Londres. Lo que lo hace especial, además de las torres situadas a sus lados, es el mecanismo que le permite levantarse para dejar pasar las grandes embarcaciones.

PARA ELLO, DEMORA...
¡SOLO 90 SEGUNDOS!

¡HA LLEGADO EL MOMENTO DE VOLVER A CASA!

¡Mira allí abajo! ¿Ves esa fortaleza? ¡Ahí es donde vivo!
Desde que se construyó hace 900 años, ha sido un palacio real, un arsenal e incluso una prisión. Hoy acoge a los visitantes que quieren descubrir sus secretos y admirar las fabulosas joyas de la Corona.

• Os presento a un amigo

Según una misteriosa leyenda, si los cuervos de la Torre de Londres mueren o se van, la Corona caerá y con ella Gran Bretaña. Por eso, mis ocho amigos y yo tenemos una persona que nos cuida. Junto con tres buenos ayudantes, el *Raven Master* mantiene limpia nuestra casa, nos nutre y nos mima: a cambio debemos comportarnos bien.

Goodbye dear friends, la próxima vez que vuelvas a Londres, ¡ven a visitarme!

POR ÚLTIMO, ¡NO OLVIDES OBSERVAR EL MUNDO SIEMPRE CON LOS OJOS LLENOS DE ASOMBRO!

LAURA RE

Nacida en Roma, asistió a la Escuela Romana de Cómics. Inmediatamente después, colaboró con estudios de animación, donde ocupó el puesto de diseñadora de personajes, artista conceptual e ilustradora. Tras asistir a la Escuela Internacional de Ilustración de Sàrmede, se trasladó a Milán para cursar el Máster en Ilustración de Mimaster. Aquí ha profundizado sus conocimientos sobre la edición y la ilustración infantil.

DANIELA CELLI

Nació en Florencia en 1977. Después de estudiar piano en el conservatorio Luigi Cherubini, se trasladó a Nueva York, donde comenzó a estudiar Criminología. En 1997 regresó a Italia y se graduó en Derecho y obtuvo, además, un diploma en la Academia de Arte Dramático. Siempre apasionada por los viajes, desde 2008 escribe en un blog sobre las aventuras con su familia viajando por todo el mundo.

© 2024 White Star s.r.l.
Piazzale Luigi Cadorna, 6
20123 Milán, Italia
www.whitestar.it

Licenciatario de National Geographic Partners, LLC.

NATIONAL GEOGRAPHIC and Yellow Border Design are trademarks of the National Geographic Society, used under license.

Traducción: Qontent
Edición: Yaiza Leal Cañizares

ISBN 978-88-540-5618-3
1 2 3 4 5 6   28 27 26 25 24

Impreso en China por
XY Cultural and Creative Park, Guangzhou

MIXTO
Papel | Apoyando la silvicultura responsable
FSC® C178000

Sir Raven vive en la Torre de Londres junto con sus amigos. Es un cuervo muy educado y grazna *good morning!* a todos los visitantes de la fortaleza. Le encanta volar sobre los tejados de la ciudad cantando las canciones de Mary Poppins, adora comer sándwiches de queso y tomar el té con el Rey.

Maquetación
Valentina Figus